Dieses Buch gehört

____

Das russische (kyrillische) Alphabet

Die kyrillische Schrift dient als Grundlage des russischen Alphabets. Sie wird vor allem in ost- und südslawischen Sprachen in Europa und Asien verwendet.

Das russische Alphabet besteht aus 33 Buchstaben. Es umfasst 21 Konsonanten, 10 Vokale, sowie ein Weichheits- und ein Härtezeichen.

Konsonanten:	б, в, г, д, ж, з, й, к, л, м, н, п, р, с, т, ф, х, ц, ч, ш, щ
Vokale:	а, е, ё, и, о, у, ы, э, ю, я
Weichheitszeichen:	ь
Härtezeichen:	ъ

In diesem Buch wirst du jeden russischen Buchstaben mit Beispielen kennenlernen. Ebenso kannst du alles selber nachschreiben und jeden Buchstaben mit dazugehörigen Bildern ausmalen.

Übersicht

Russisch	Deutsch
А а	a
Б б	b
В в	w
Г г	g
Д д	d
Е е	je
Ё ё	jo
Ж ж	sh (stimmhaft)
З з	s (stimmhaft)
И и	i
Й й	j
К к	k
Л л	l
М м	m
Н н	n
О о	o
П п	p
Р р	r
С с	ß
Т т	t
У у	u
Ф ф	f
Х х	ch (wie im Wort „lachen")
Ц ц	z
Ч ч	tsch
Ш ш	sch
Щ щ	schtsch
ъ	wird nicht ausgesprochen
ы	y
ь	wird nicht ausgesprochen
Э э	e
Ю ю	ju
Я я	ja

A a _______

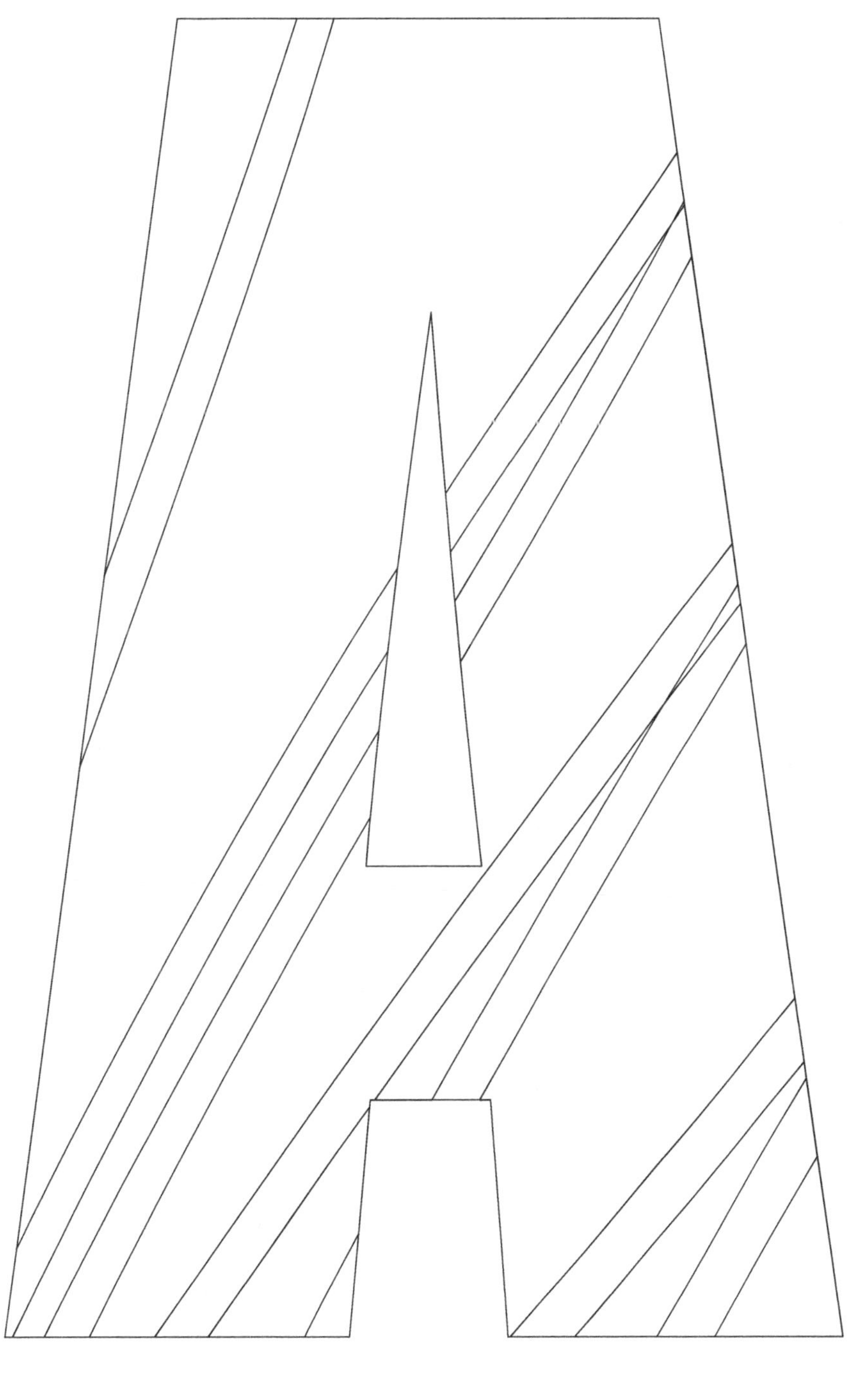

Арбуз   Wassermelone

_______   _______________

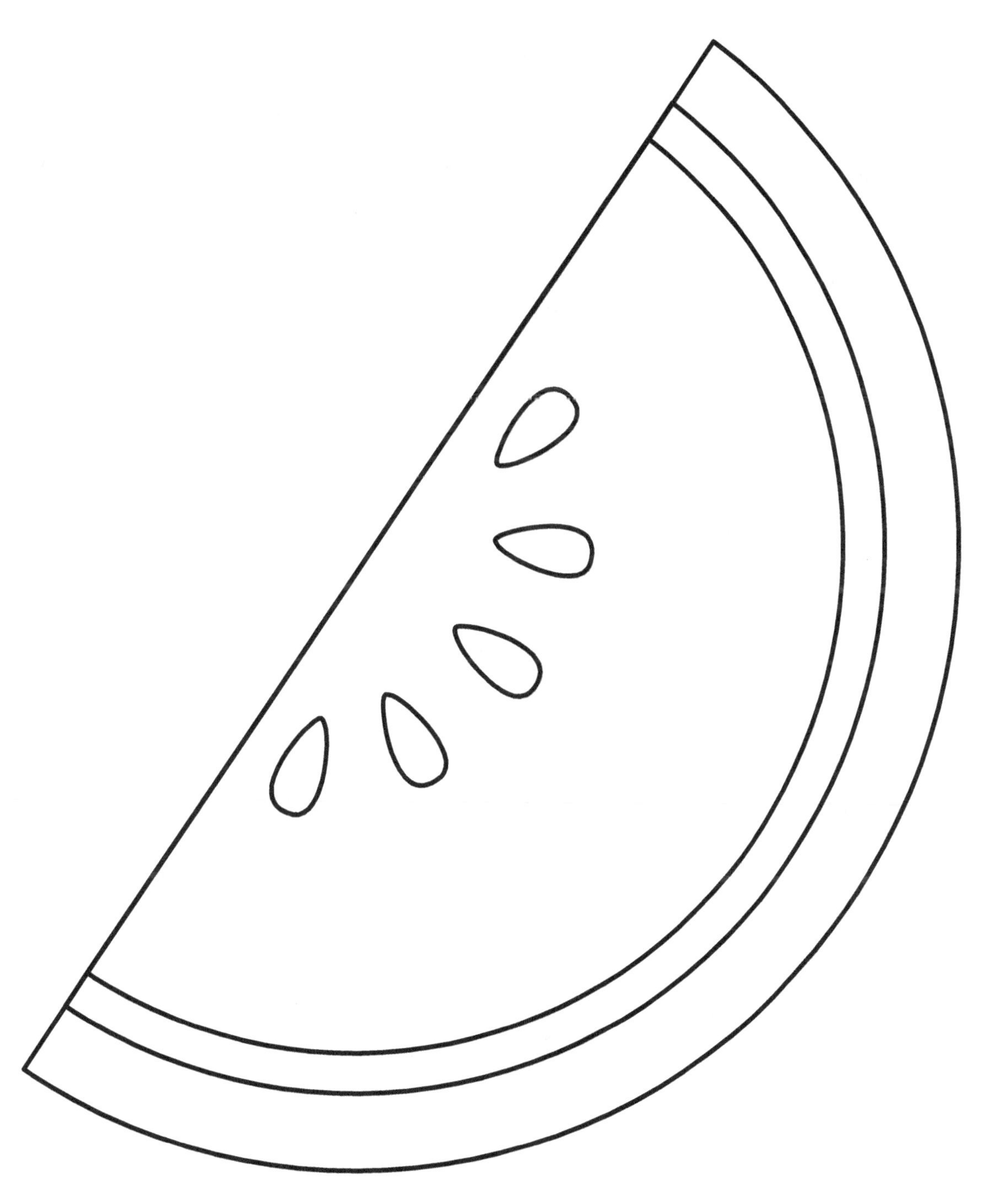

Б б _______

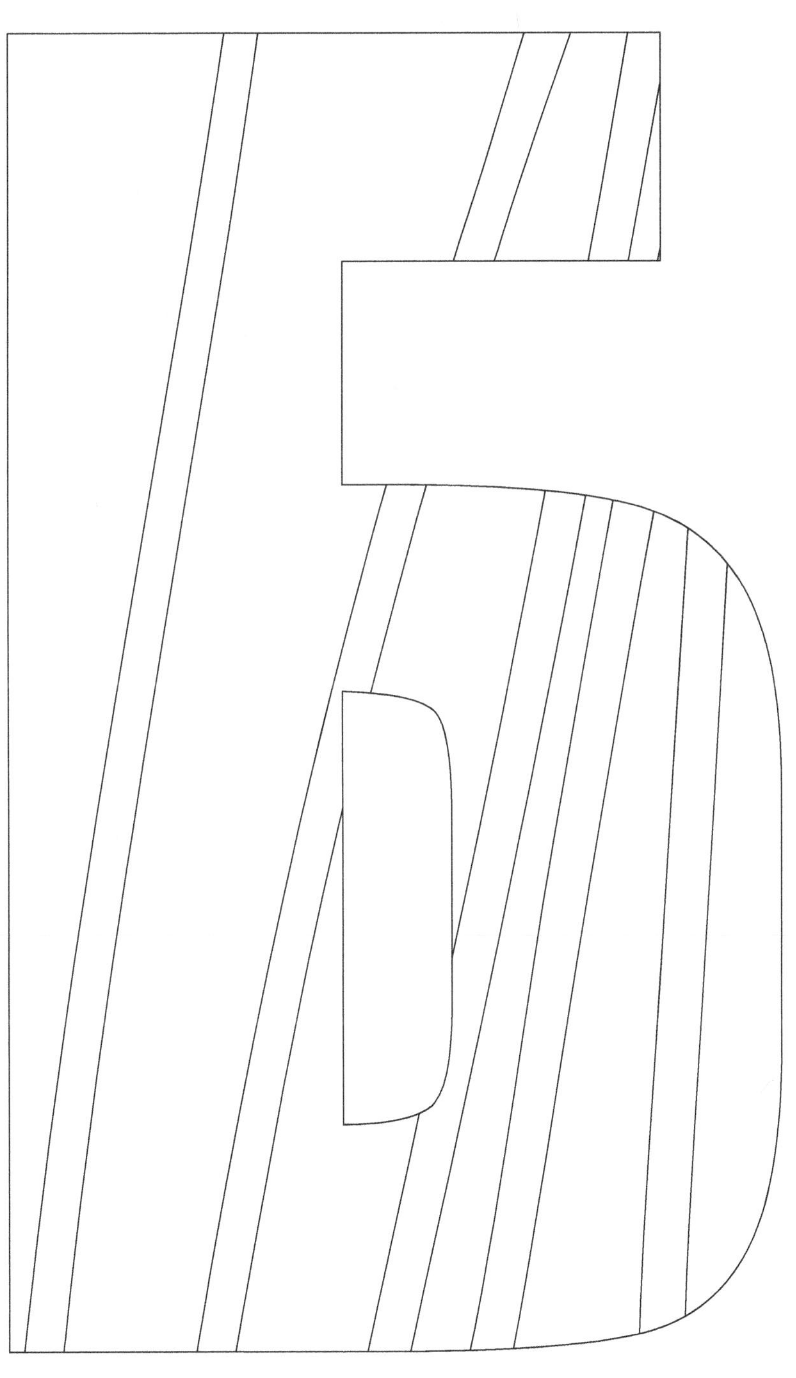

Бабушка

Ота

___________   ____

B b _______

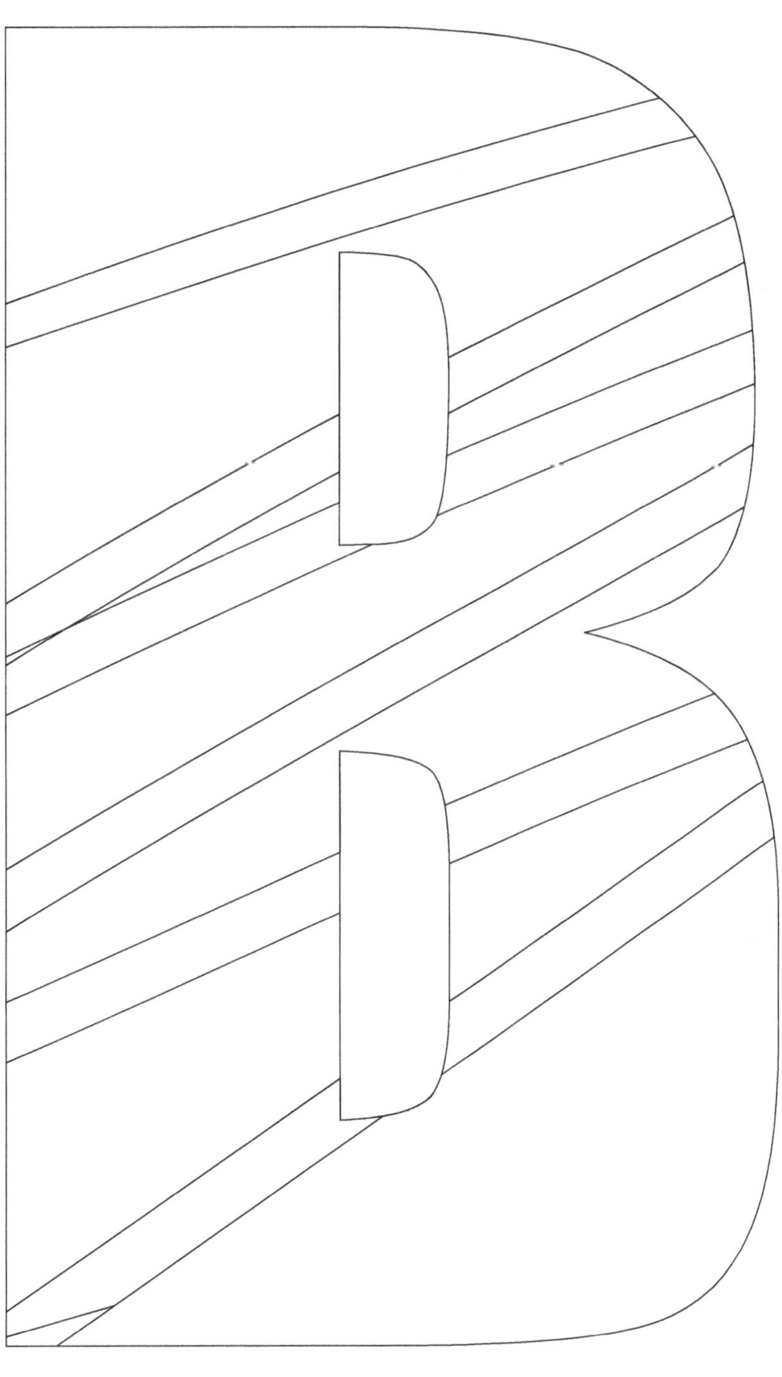

Волк   Wolf

_______   _______

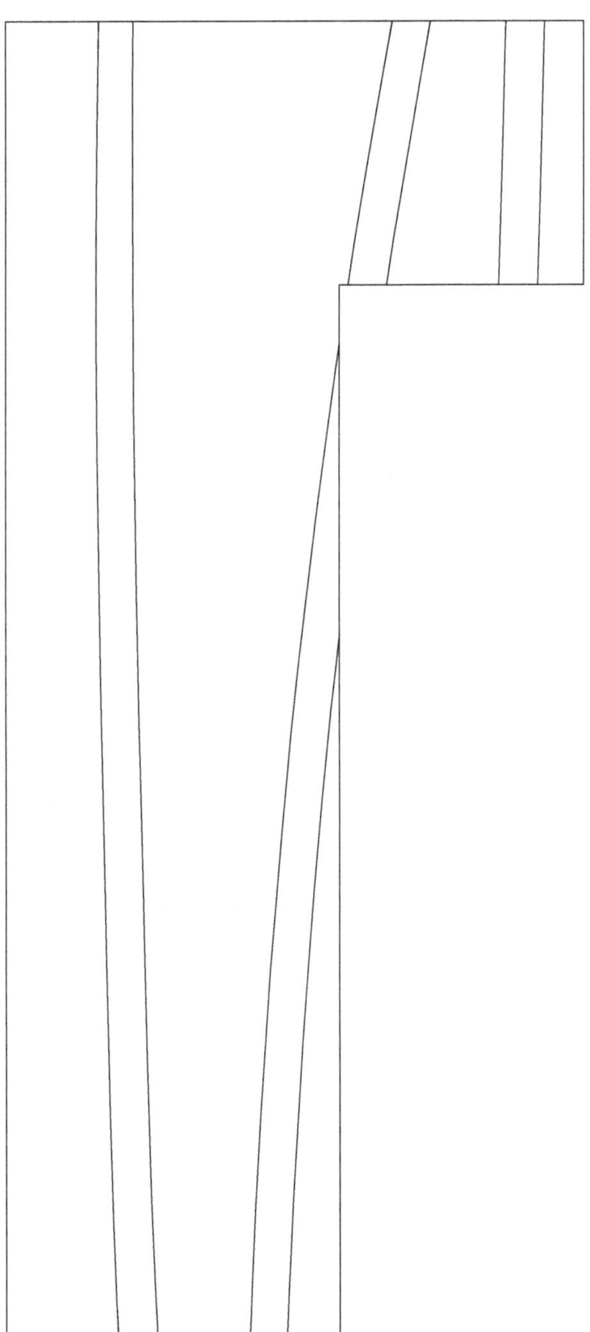

Гусь

Gans

Д д

Дом   Haus

___________   ___________

E e _____

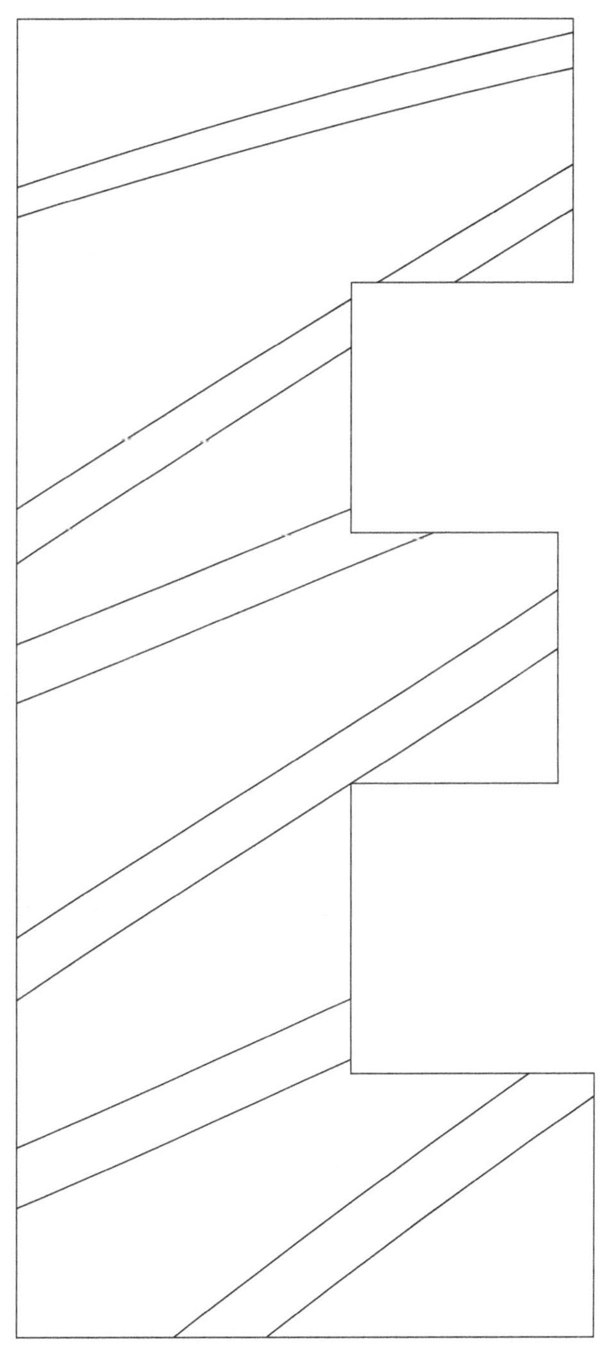

Ель

Tannenbaum

Ё ё _______

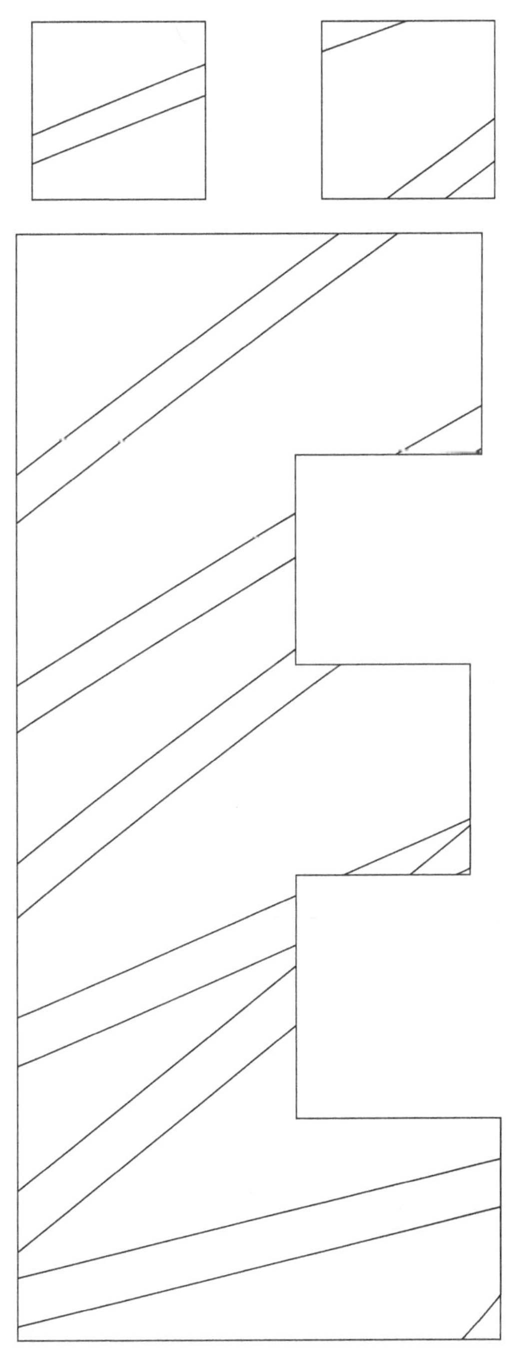

Ёжик   Igel

Ж ж ________

Жираф

Giraffe

3 3 ___

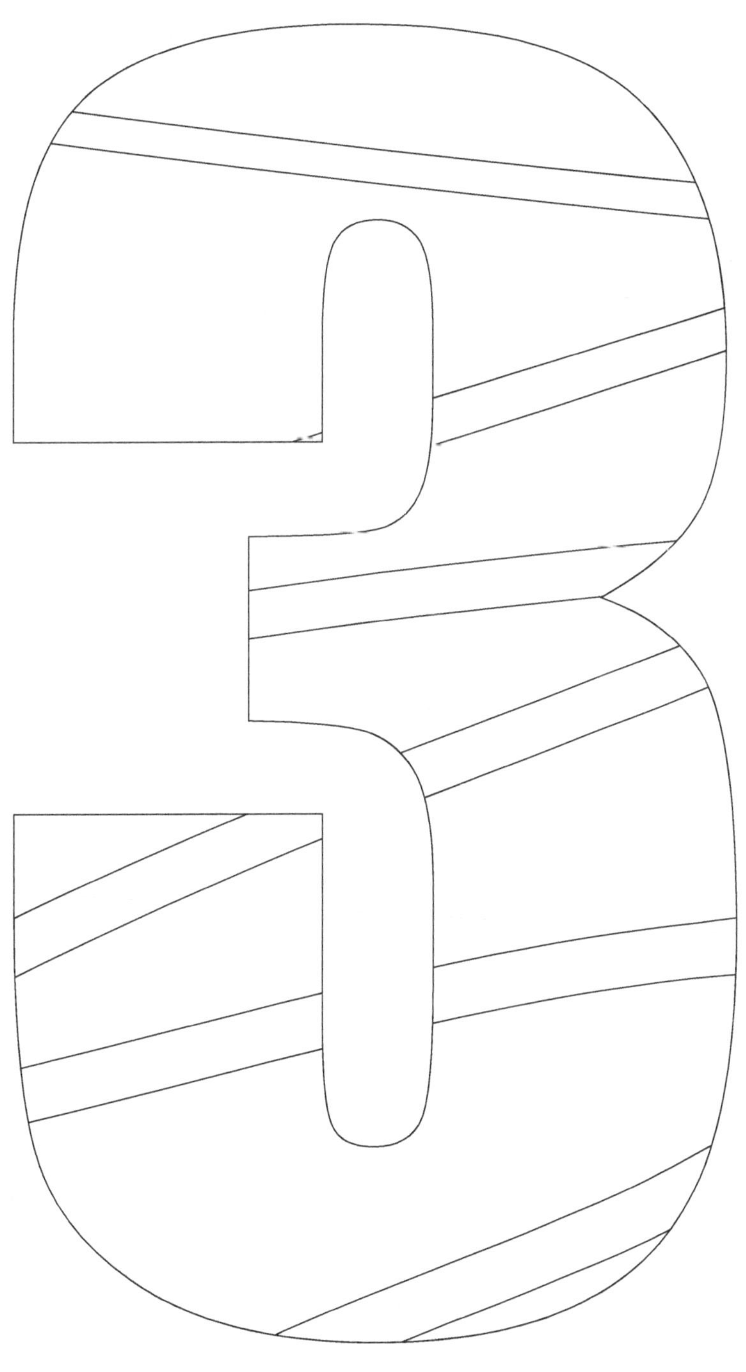

Зонт   Regenschirm

_________   _________________

И и _______

Игрушка   Spielzeug

_______________   _______________

Й й _______

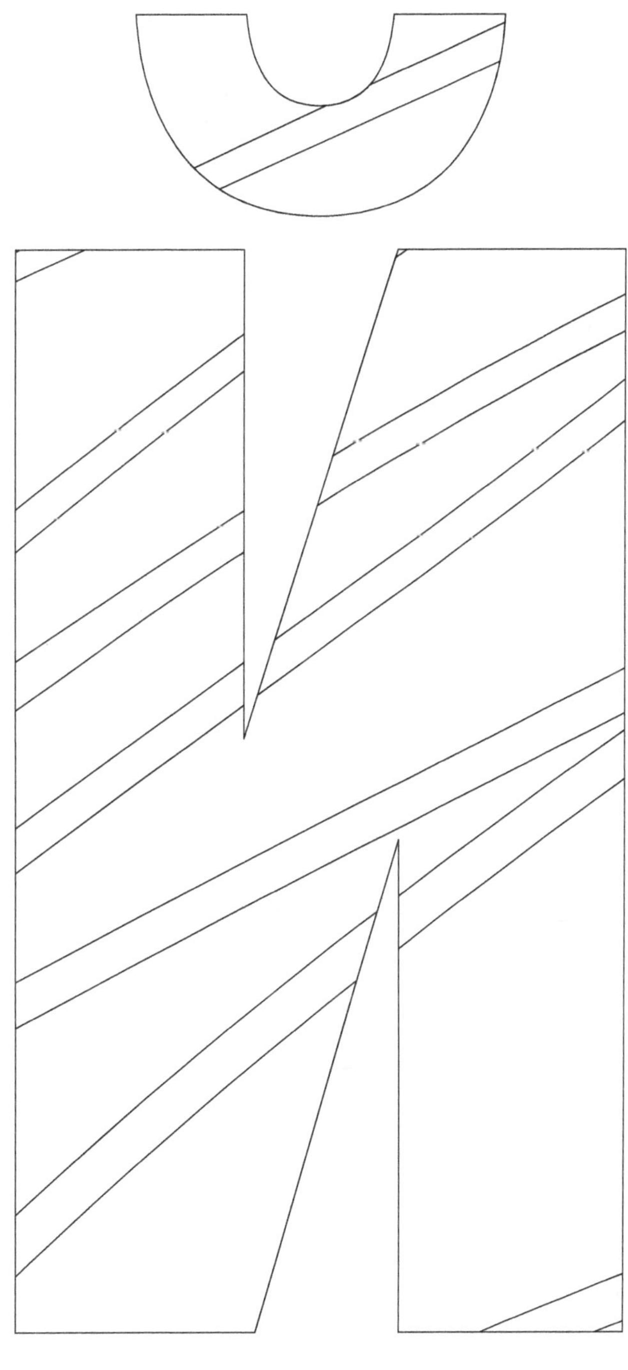

Йогурт

Joghurt

K k ___

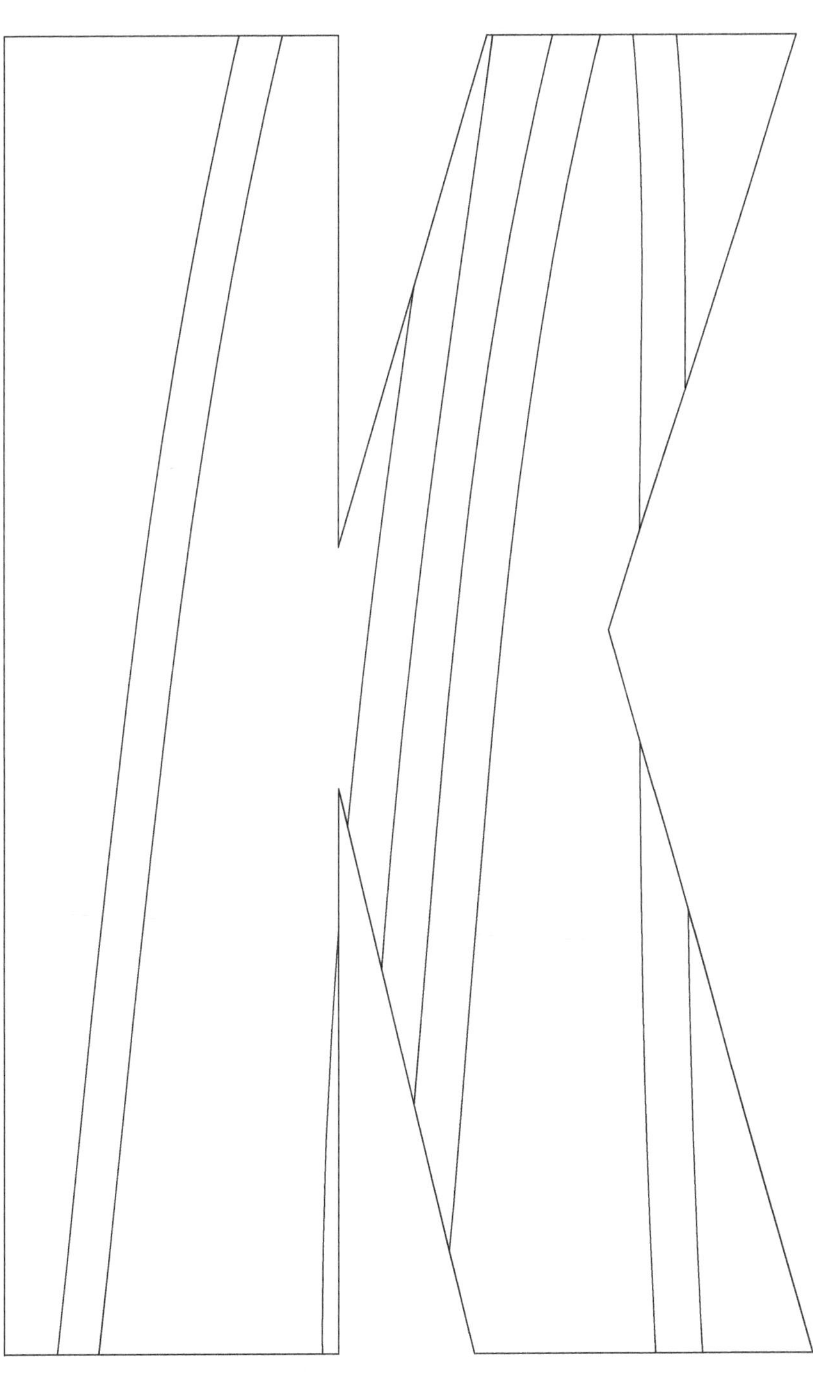

Кошка

Katze

Л л

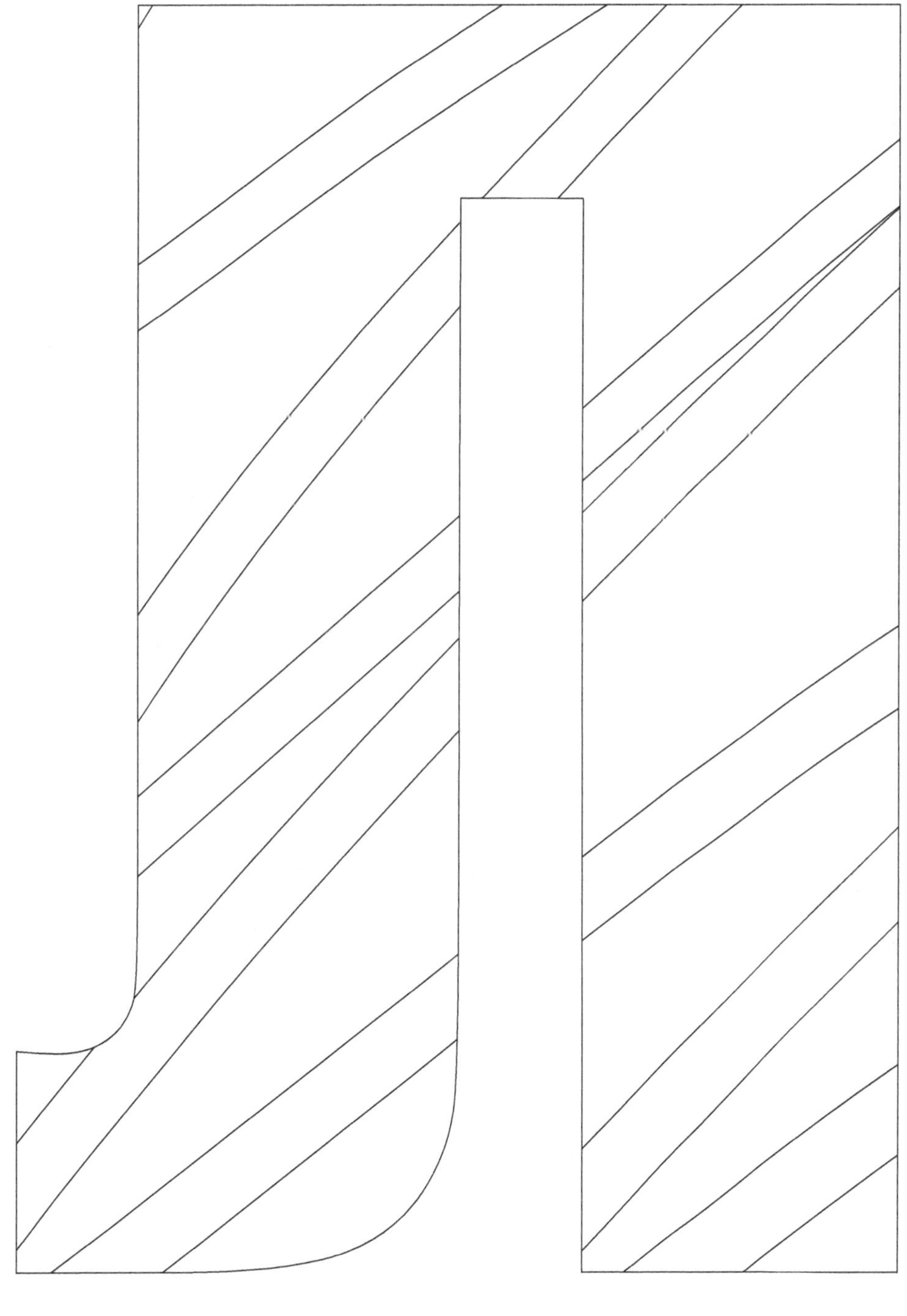

Луна   Mond

___   ___

M м _______

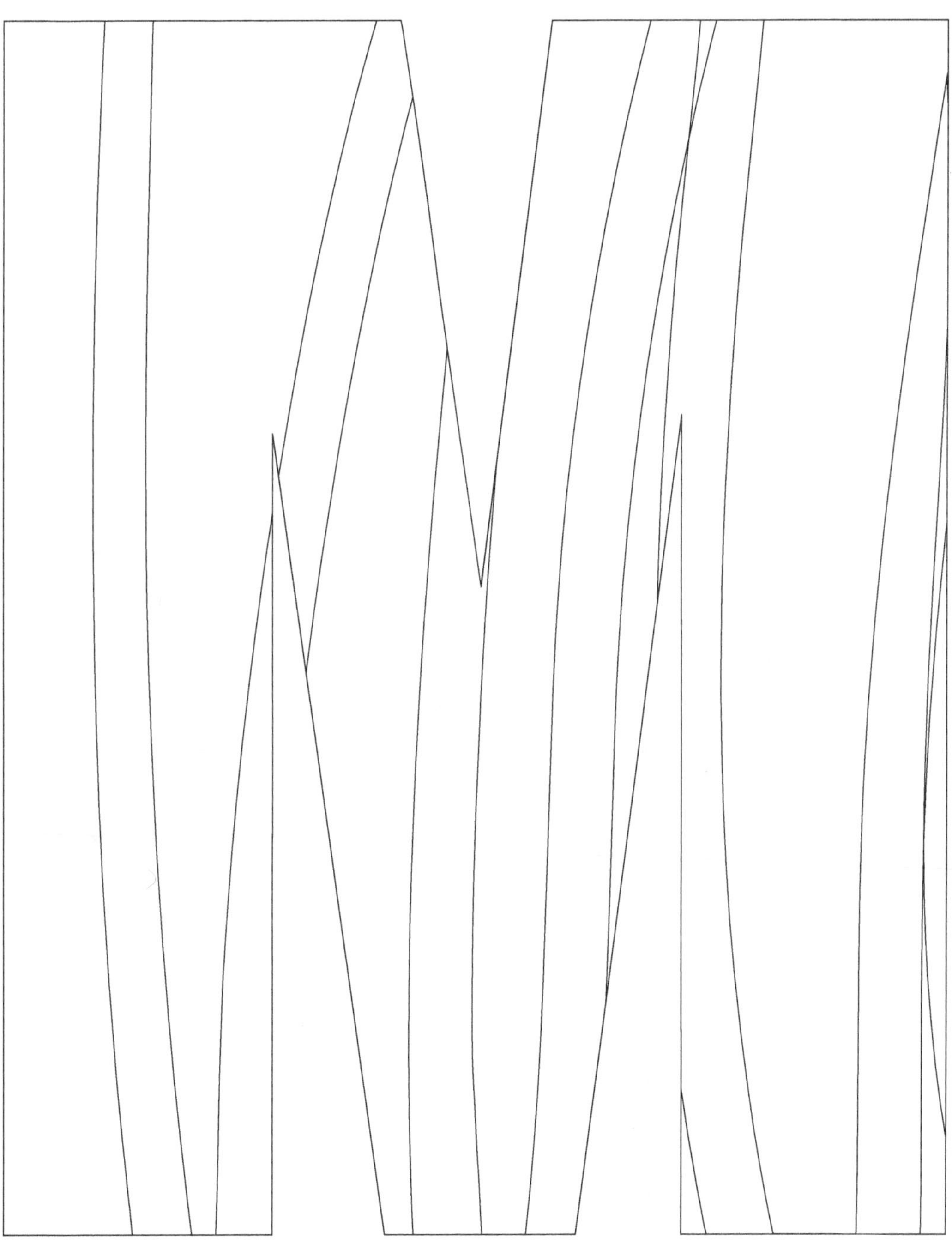

Матрёшка   Matrjoschka

H h _____

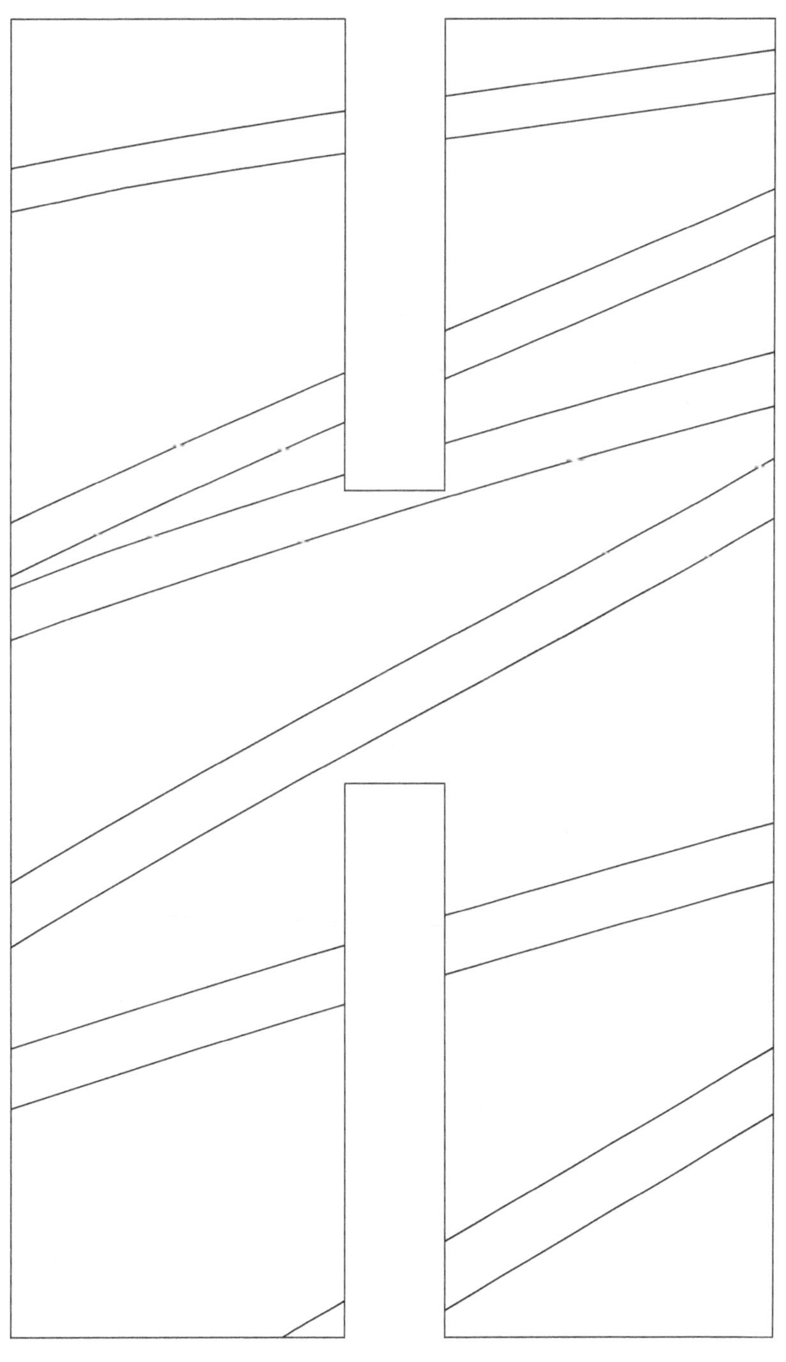

Ножницы   Schere

O o ___

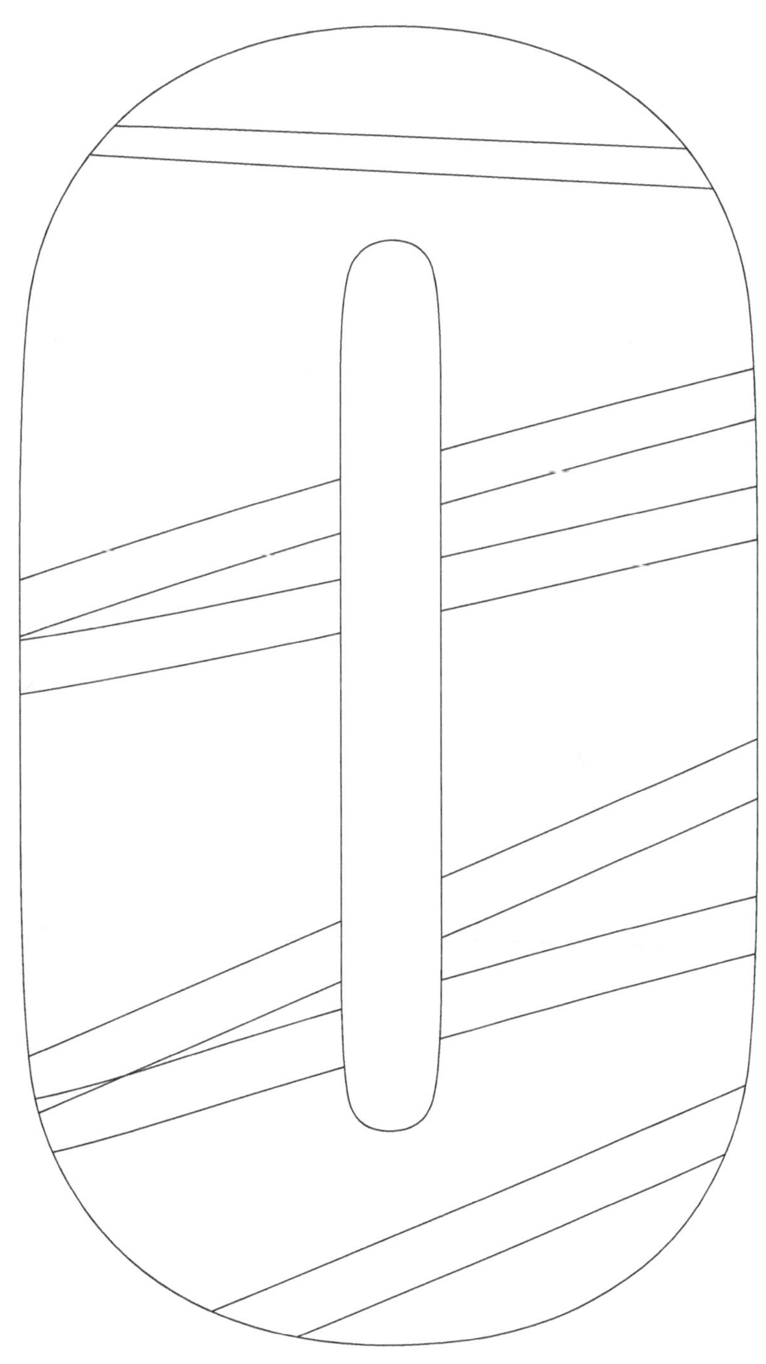

Огурец   Gurke

_________   _________

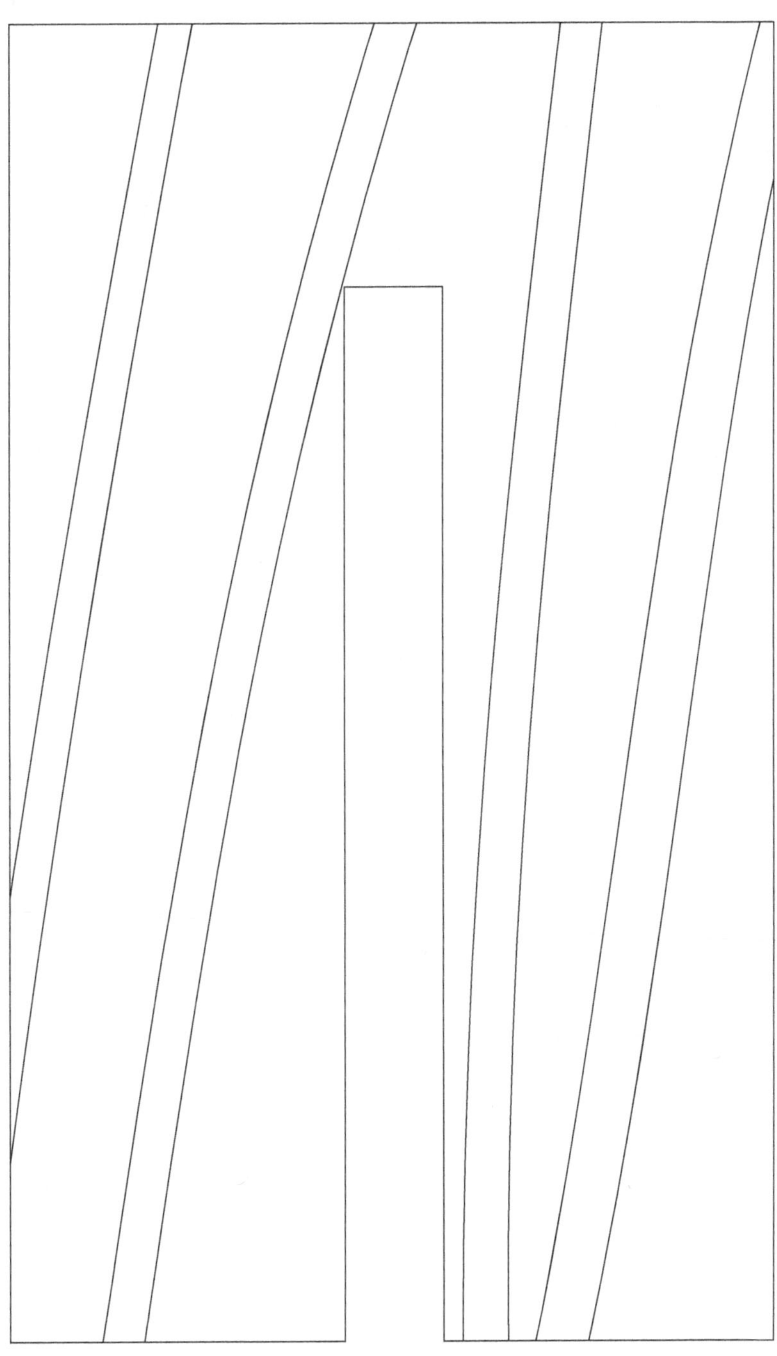

Подарок   Geschenk

_______________   _______________

P p ___

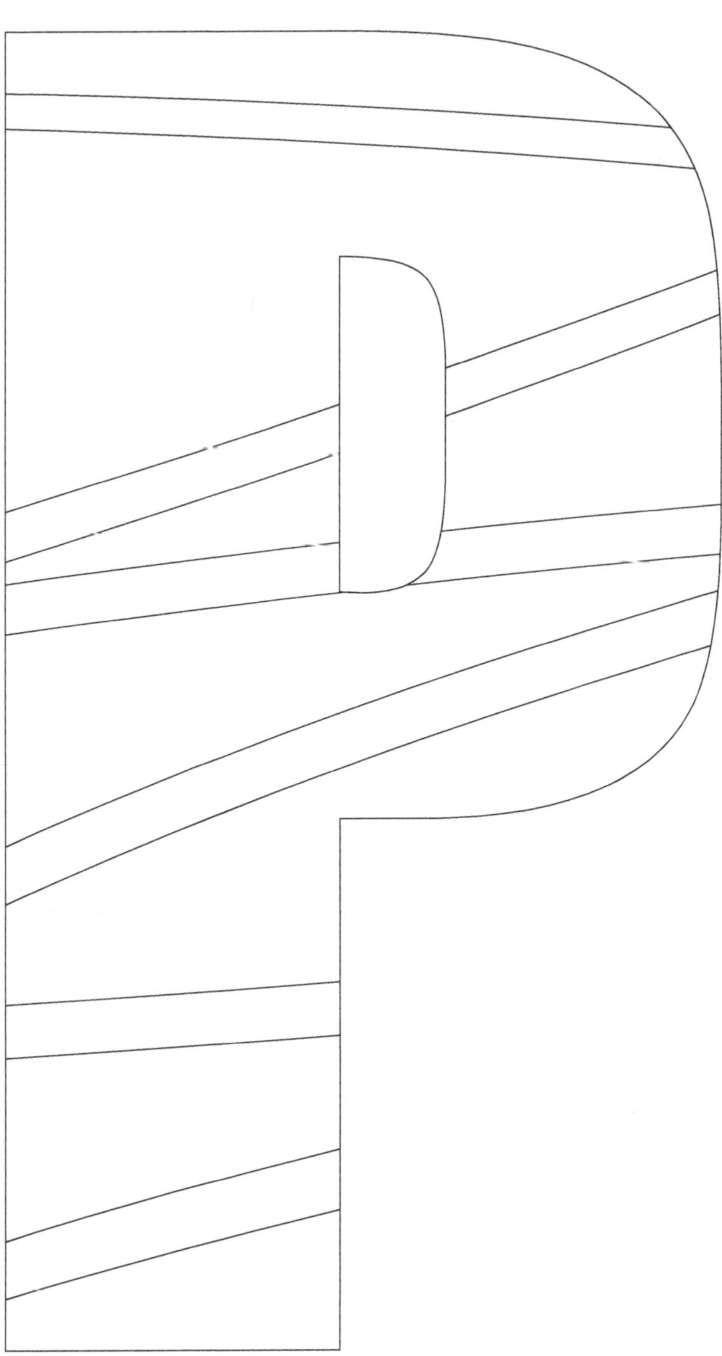

Рыба

Fisch

C c ___

Самовар   Samowar

T t   ___

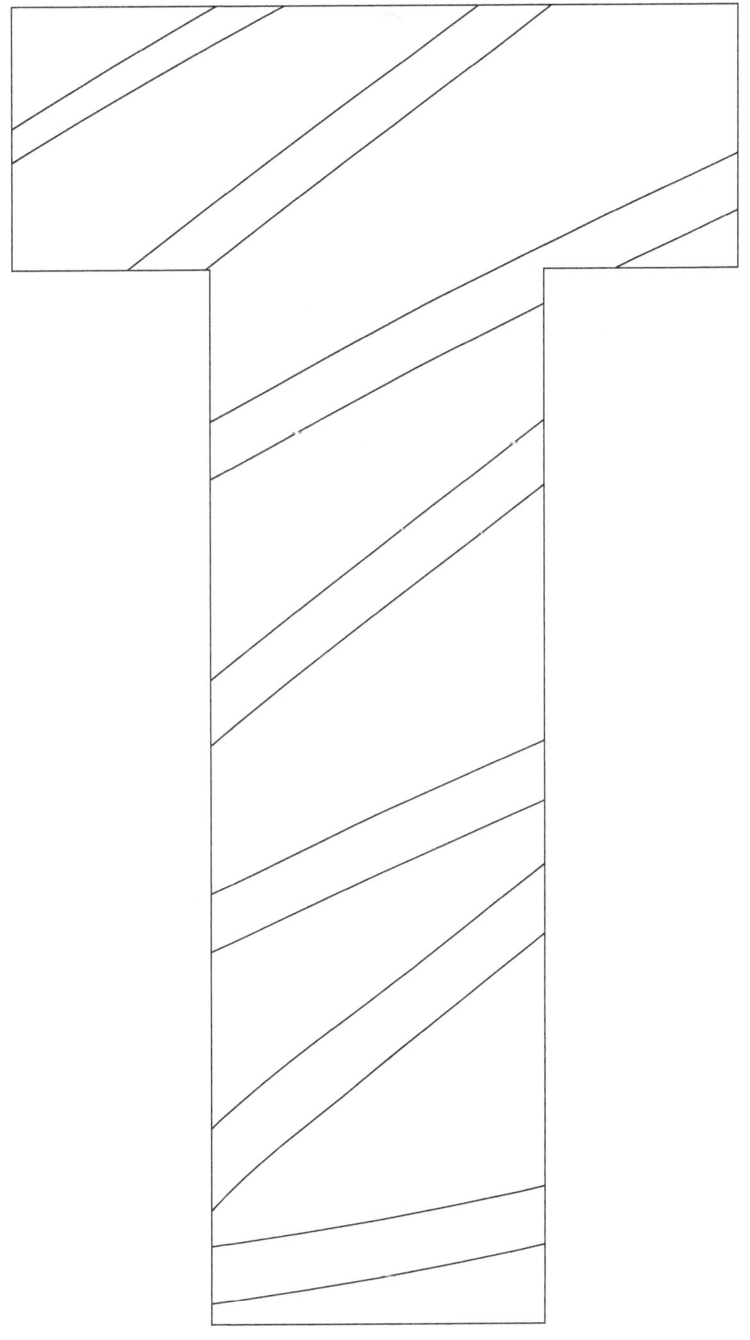

Тигр   Tiger

________   ________

y y _____

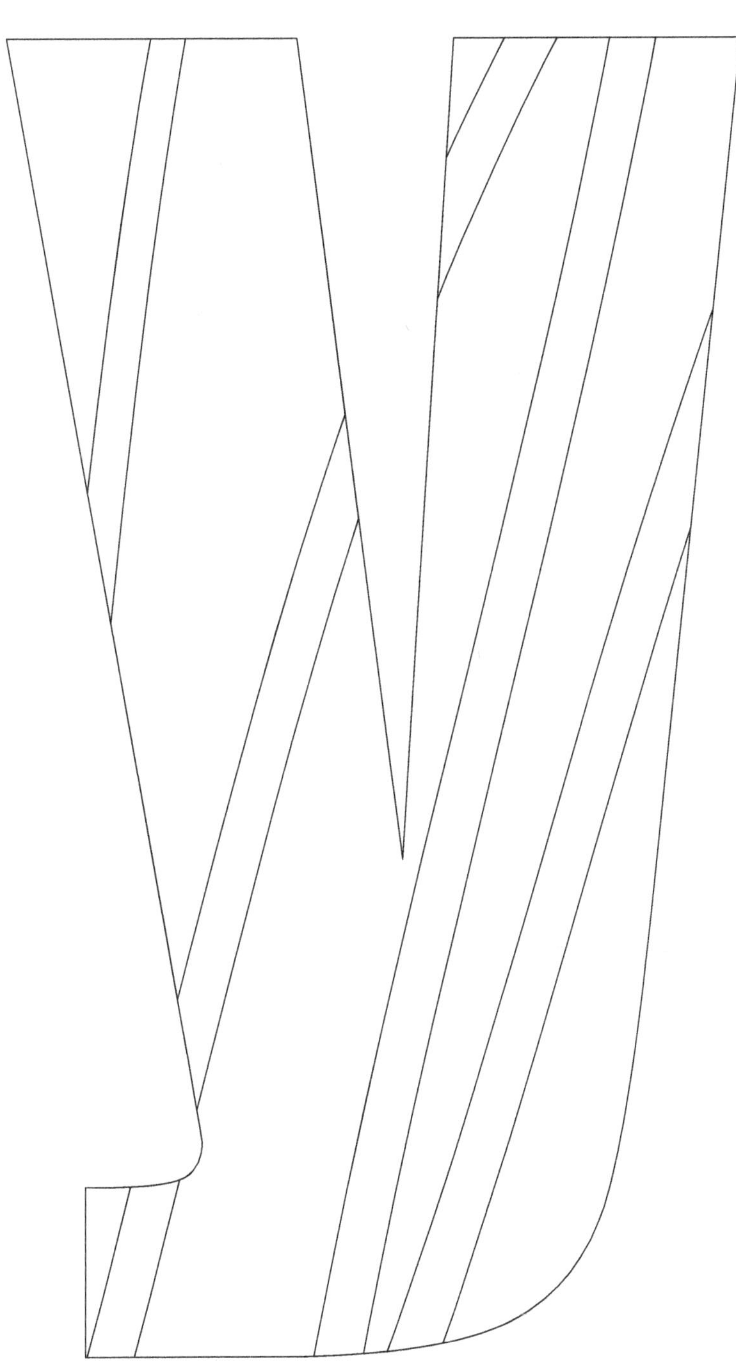

Утка

Ente

Ф ф ____

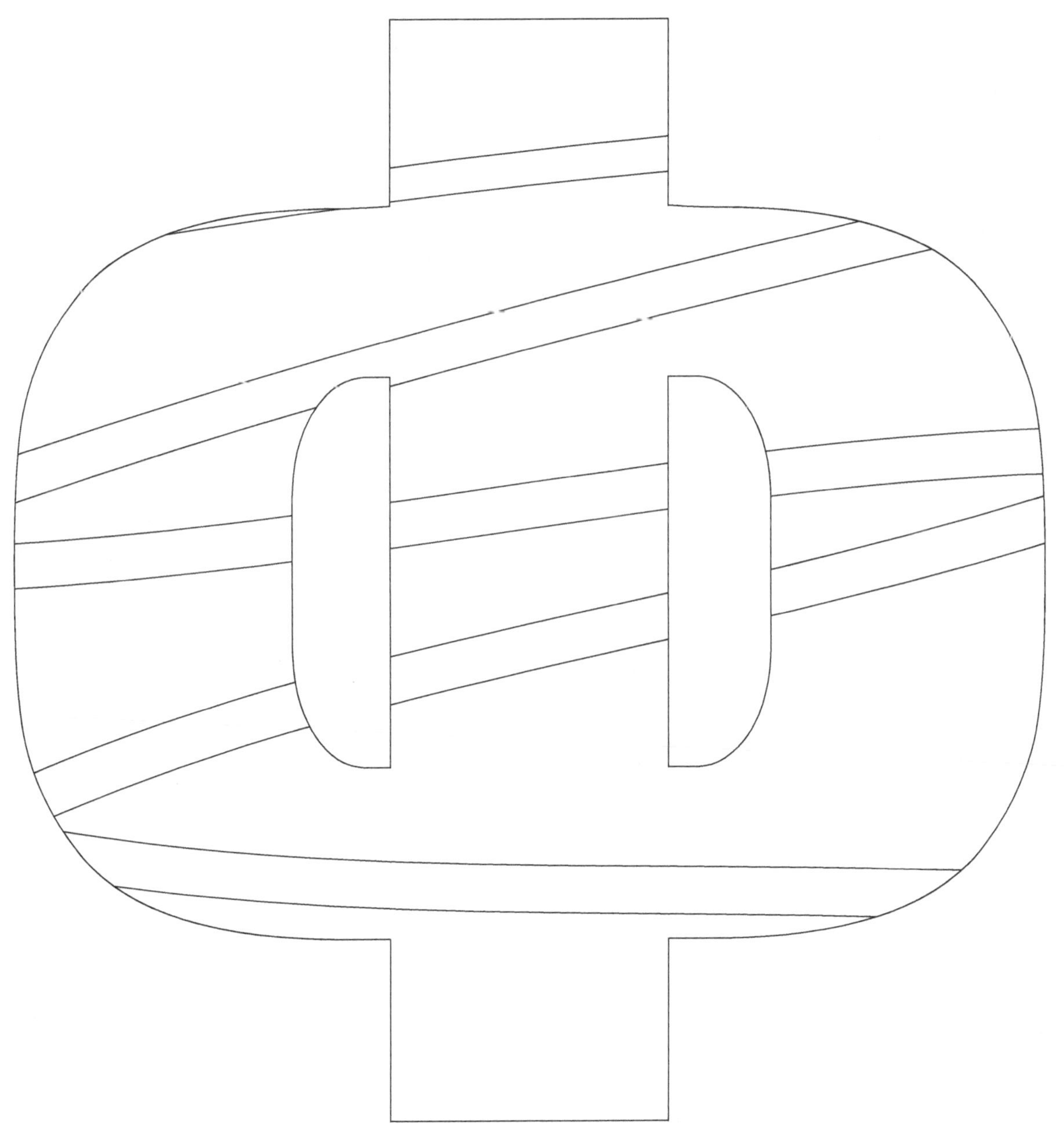

Флаг

Flagge

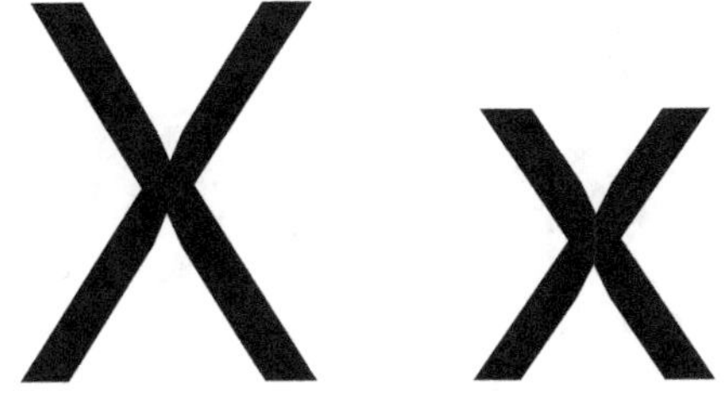

Хлеб

Brot

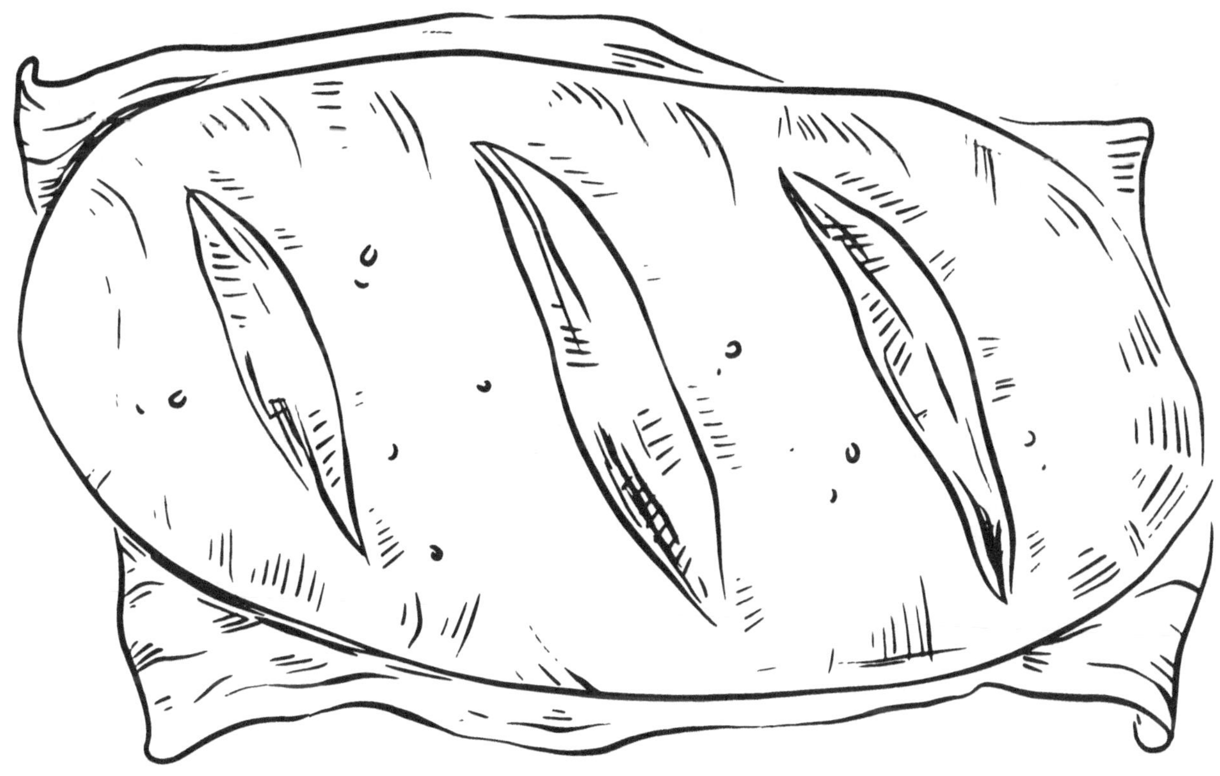

Цц ________

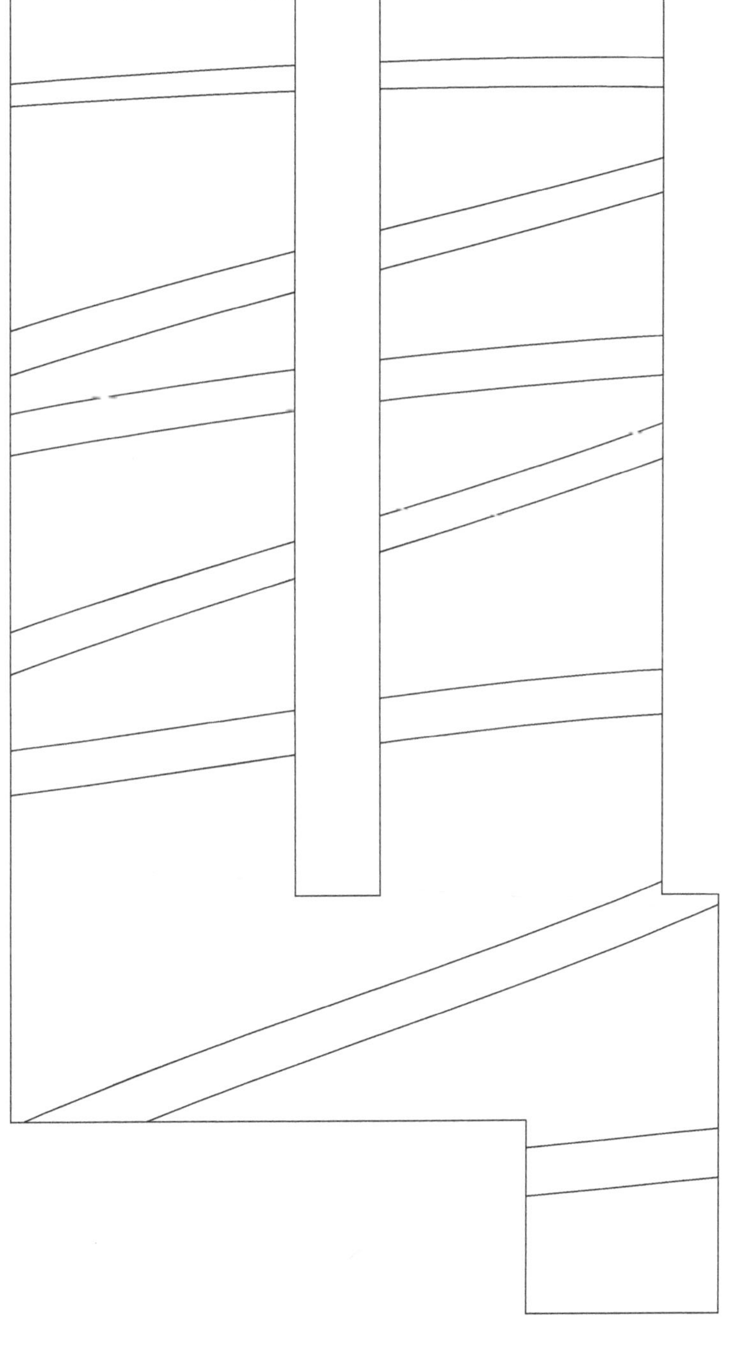

Цветок   Blume

Y y ___

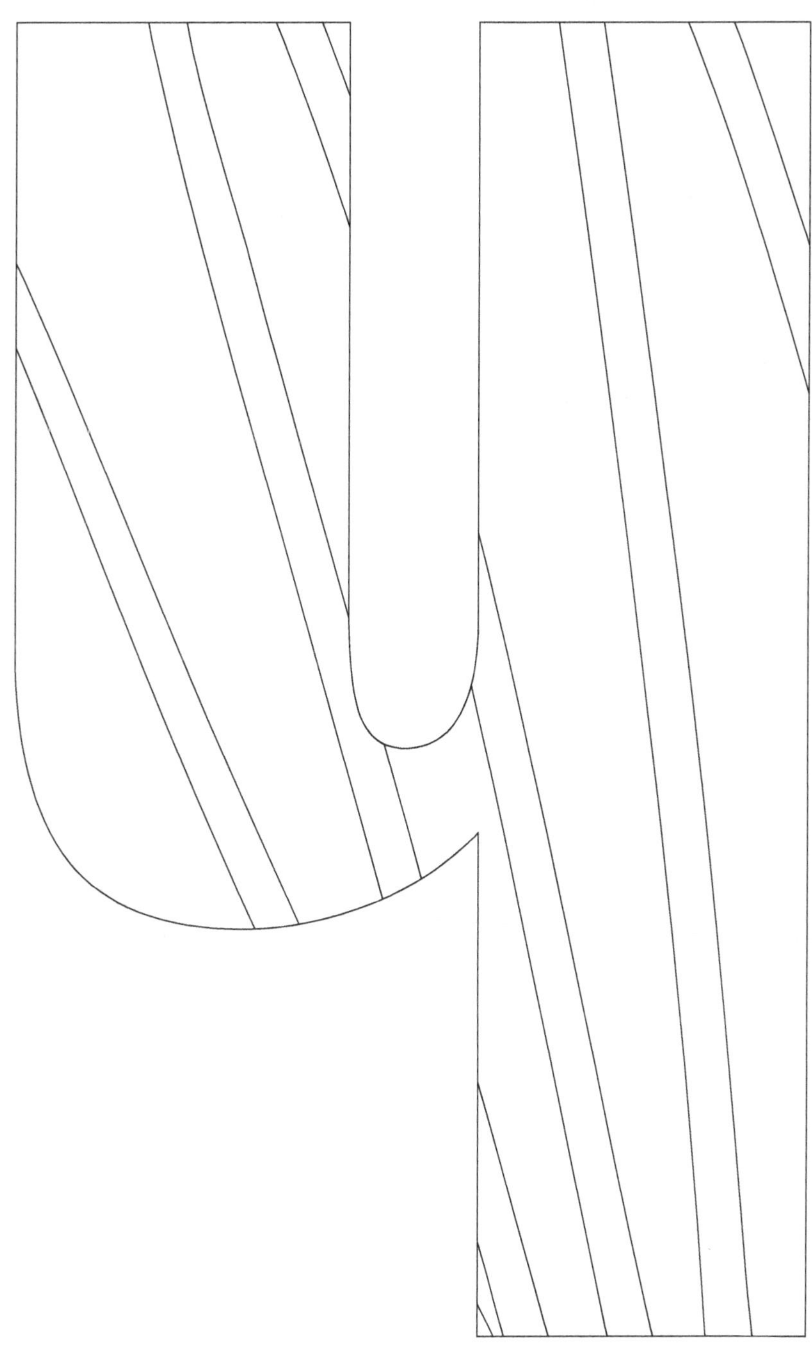

Часы

Uhr

Школа   Schule

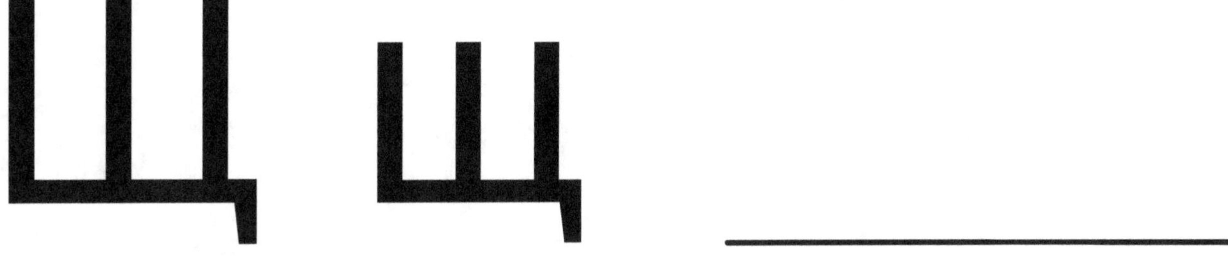

Щенок   Welpe

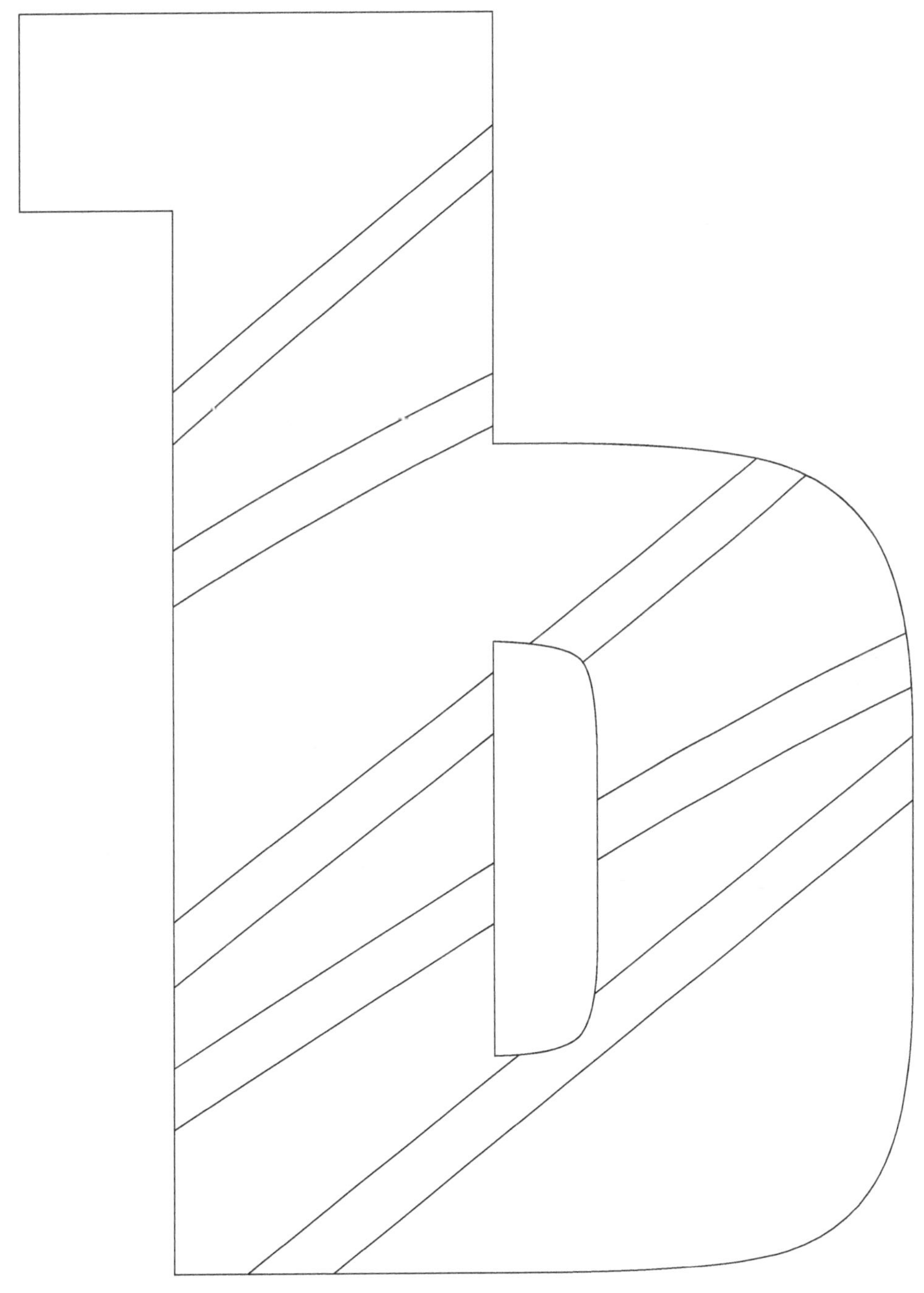

ы

b

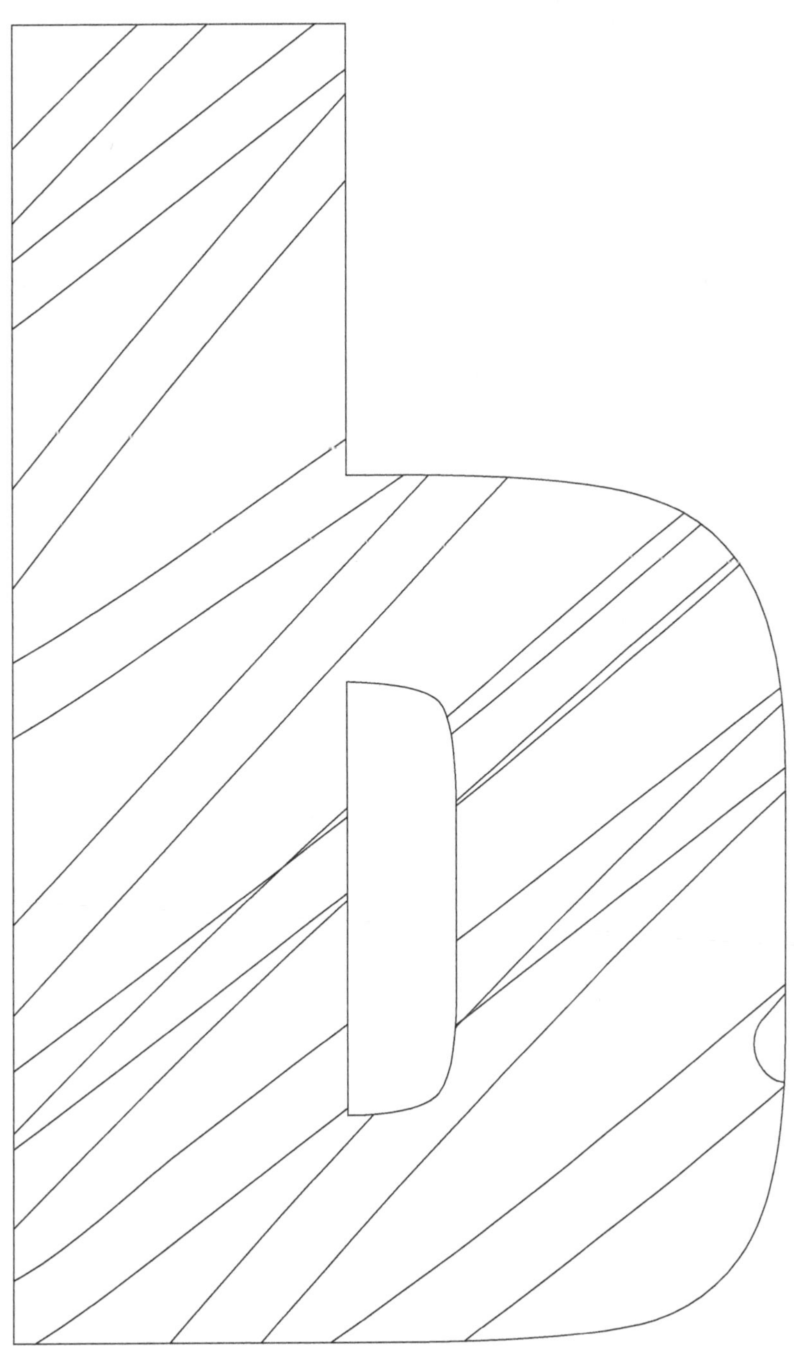

Э э _______

Эскимос   Eskimo

_________   _________

Ю ю

Юбка   Rock

Я я ______

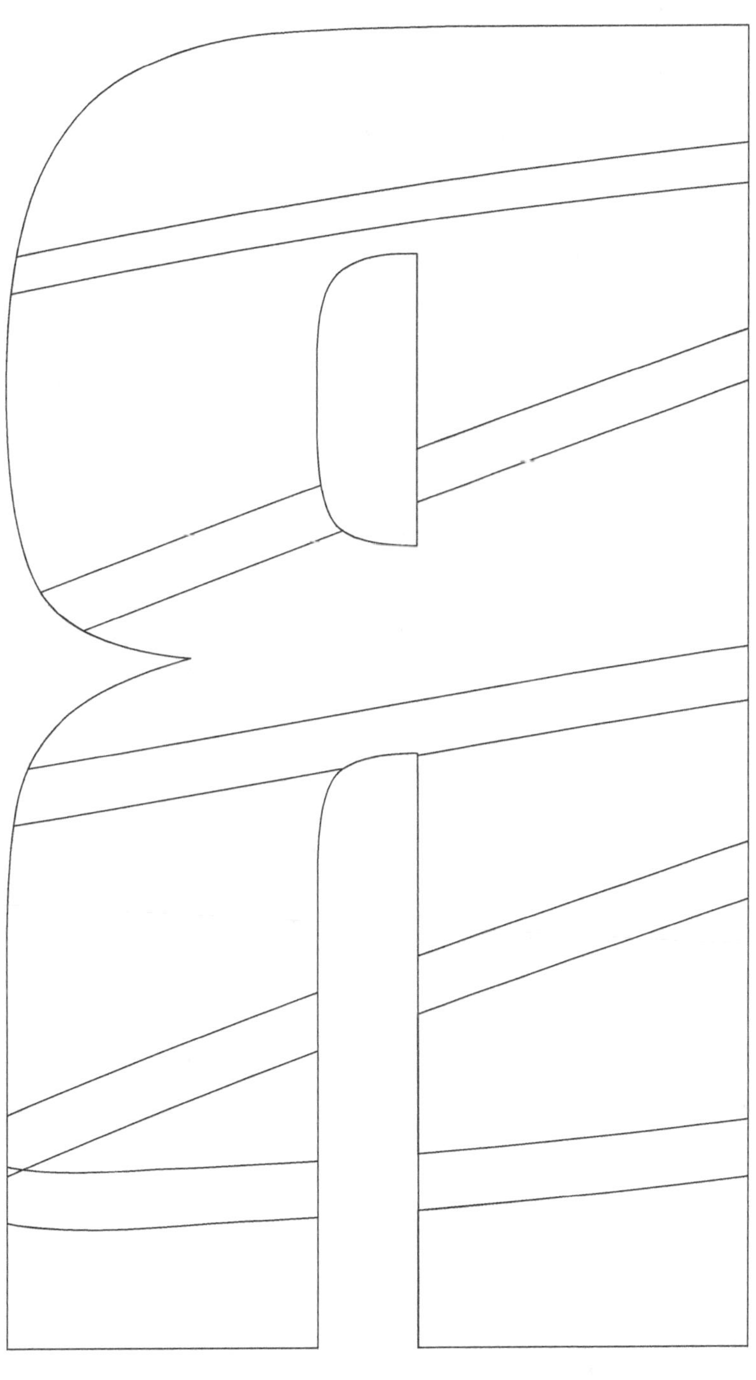

Яблоко

Apfel

Dankeschön!
Большое спасибо!

Vielen Dank für deine Bestellung.

Wir hoffen, dass dir das Buch gefallen hat. Über eine Bewertung für dieses Buch wären wir sehr dankbar. Damit würdest du unser kleines Unternehmen sehr unterstützen.

Für weitere Bücher und viele andere Produkte mit russischen Motiven, kannst du gerne mal bei uns im Shop oder auf unseren Social Media Kanälen vorbeischauen.

Wir würden uns sehr freuen :-)

Amazon: RussianLife Designs
Instagram: russianlife.designs
Facebook: RussianLife Designs
Odnoklassniki: RussianLife Designs

<u>Impressum:</u>
Eugen Wunder
Lipplinger Str. 40
33129 Delbrück
russianlifedesigns@gmail.com

www.ingramcontent.com/pod-product-compliance
Lightning Source LLC
Chambersburg PA
CBHW080905160726
48000CB00009B/2870